G

19698

BIBLIOTHÈQUE PORTATIVE

DES VOYAGES.

TOME XIII.

BIBLIOTHÈQUE PORTATIVE

DES VOYAGES,

TRADUITE DE L'ANGLAIS

Par MM. HENRY et BRETON.

TOME XII.

ATLAS DE NORDEN.

PARIS,

Chez M.me V.e LEPETIT, Libraire, rue Pavée-Saint-André-des-Arcs, N.° 2.

1817.

Pl. I.

Longitude du Méridien de Paris

ROYAUME DE SENNAAR

NUBIE
GRAND DESERT au Sud
DERRI vel Dir

les Mahastas ou les Kens
PETITS BARBARIN
Sous la Domination Turque.

TROPIQUE DU CANCER

THÉBAÏDE DE L'ANCIENNE

PAYS DE BARAMBO

É G Y P T E

DESERT DE LOUB

DESERT DE TAAB

Pyramide
Pyramide
Pyramide
CAYRE
LE MEMPHIS

ALEXANDRIE
Rosette

MER MÉDITERRANÉE

Longitude du   Méridien de l'Île de Fer

COURS DU NIL DEPUIS LE SENNAAR,
Jusqu'à son Embouchure.

Lieues communes de France de 2282   Schenes communes d'Egypte de 2044   Schenes Majeure de 1410.
et de 25 au Degré   et de 18 ⅓ au Degré   et de 11 ¼ au Degré

EXPLICATION DES NOTES.

Ville   Village   Village avec Mosquée   Couvent Cophte   Forteresse

Courant du Nil   Pyramide   Terre labourée et inondée par le Nil   Terre Stérile et Sablonneuse

Gravé par Lambert, Quai et rue de Sorbonne, N.º 385.

Pl. II.

Gravé par Tardieu l'ainé.

Vue de la Ville d'Alexandrie et du port neuf, depuis le grand Pharillon, jusqu'à la tour à poudre.

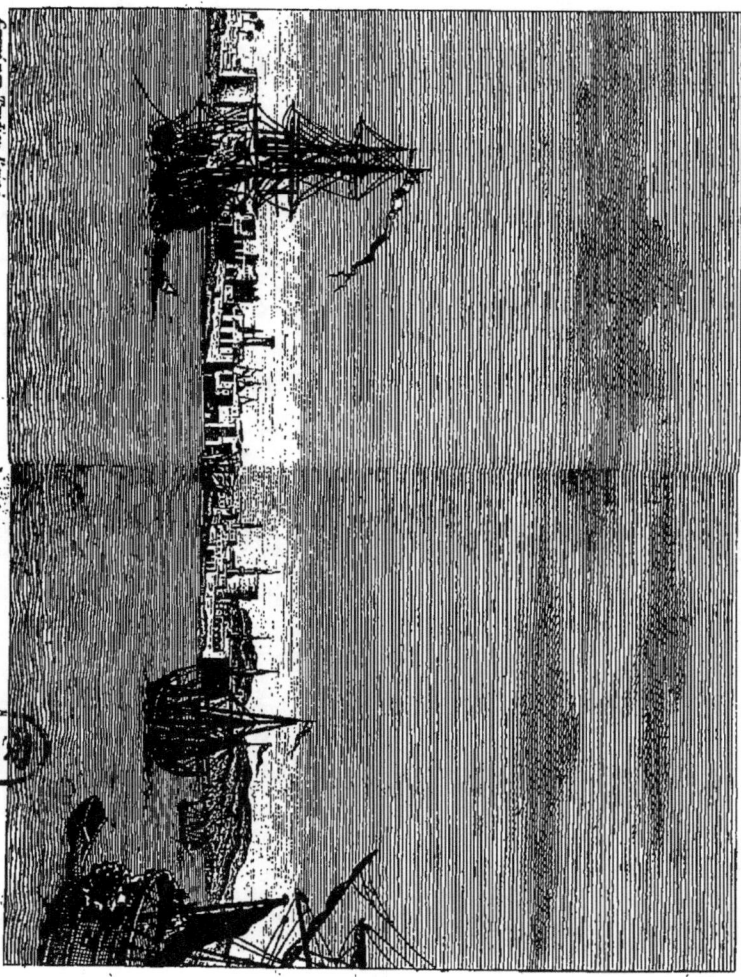

Gravé par Tardieu l'ainé

Vue de la Ville et Fort-neuf d'Alexandrie,
depuis la Tour à poivre jusqu'au Meidan.

B. R.

Vue de la Vieille Alexandrie.

Gravé par Tardieu l'Ainé Rue des Ombrage N° 65.

B. R

A.

B.

C.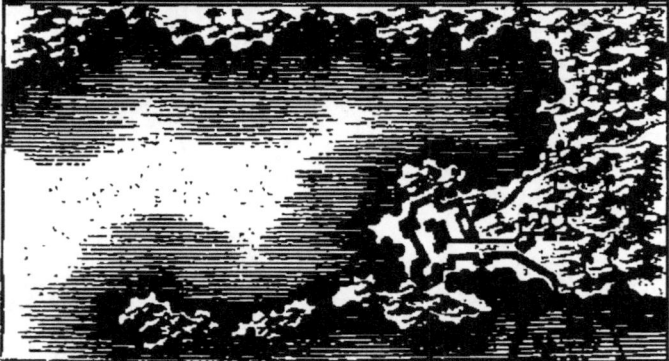

Gravé par Tardieu l'Ainé

A. Château d'Aboukir, vu du côté du Nord

B. vu du côté de l'Orient méridional.

C. Plan du Château avec son port.

Fig. 1.

Fig. 2.

Fig. 3.

Gravé par Tardieu l'Ainé

Fig. 1.   Vue de la Ville de Rosette.

Fig. 2.   Château de Rosette.

Fig. 3.   Vue du village de Deruth.

Perspective du Vieux Caire.

Gravé par Liardau l'ainé.

PL. VII.

PL. VIII

Gravé par Thibault L'ainé.

Vue du vieux Caire et d'une grande pyramide dans le lointain.

Pl. IX

Gravé par Tardieu l'Aîné.

Vue de la ville de ci-devant Memphis, avec les pyramides, et la perspective du Mokias.

T. 1.ᵉ

Gravé par Tardieu l'Ainé Rue de Sorbonne N.°365

Coupe du Mokias

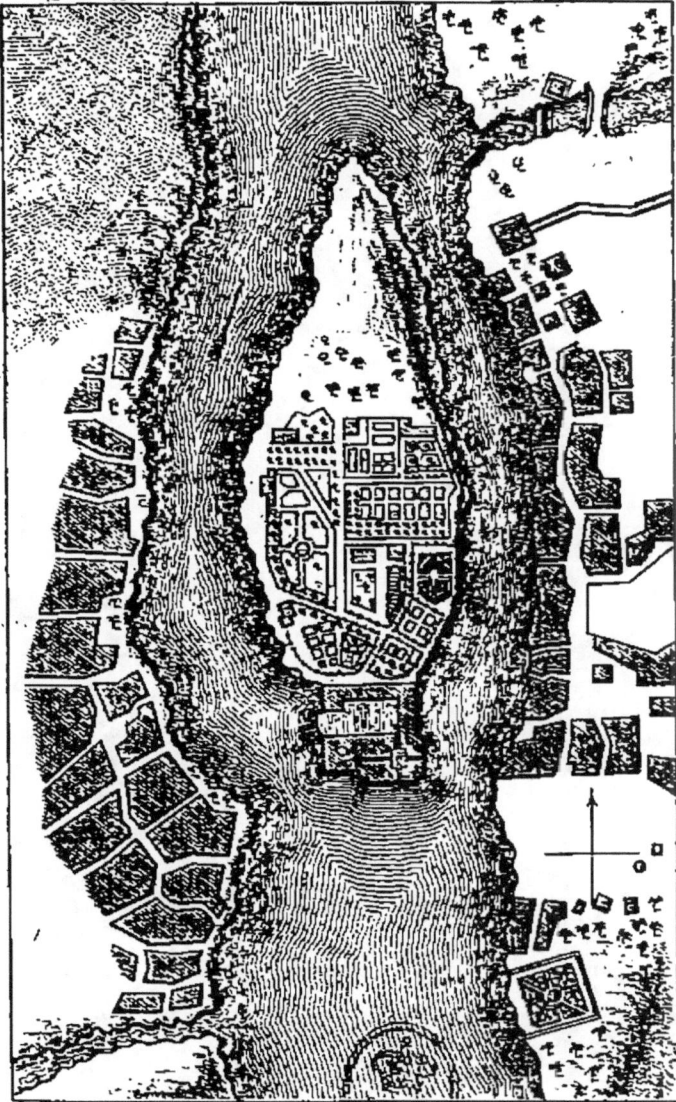

Gravé par Tardieu l'Ainé

Plan de l'île de Rodda

PL. XII

Village de Dar Saïn.

Gravé par Dardeau l'ainé

Vue des Pyramides proche du Caire.

Dessiné par les deux Lemé.

PL. XIV.

Vue des Pyramides de Memphis.

Gravé par L. . . . .

B. R.

Maisons ordinaires des Arabes

Pl. XV.

Gravé par Jardieu l'ainé.

Ruines du Palais de Memnon.

Gravé par Berthault l'ainé.

Portail antique, plein de hiéroglyphes en couleurs, et dont
on a fait une porte de la Ville d'Esbaton.

Gravé par Aurelien Leroi.

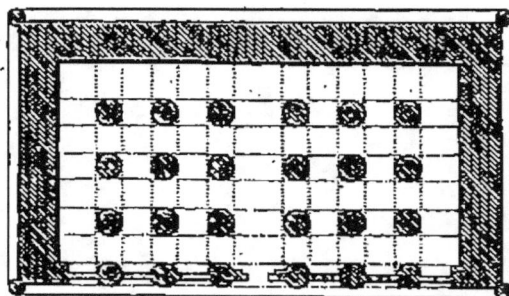

Gravé par Tardieu l'Ainé.

Ancien Temple au milieu de
la ville d'Esnay.

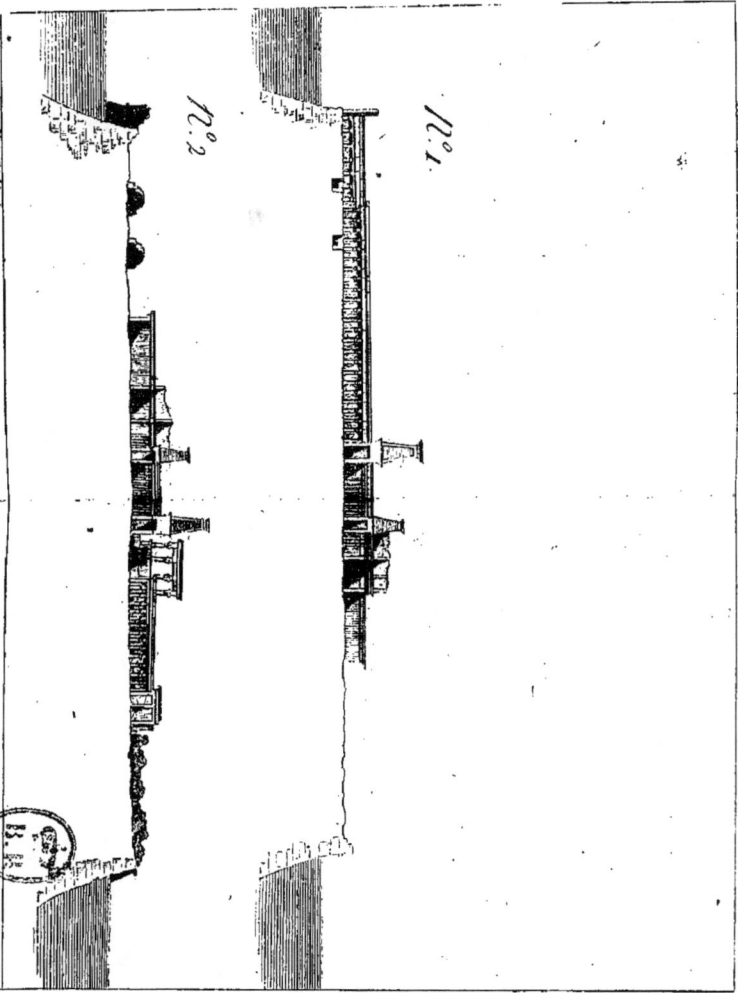

N.° 1.

N.° 2.

Gravé par Berthux L'Ainé.

Deux Coupes sur la longueur des superbes Ruines du
Temple d'Isis, sur l'Ile dell Kaff.

Pl. XX.

Fig. 1

Fig. 2

Gravé par Tardieu l'ainé.

Fig. 1. *Les deux Colosses en particulier*

Fig. 2. *Portail principal des antiquités de Luxor*

Gravé par Tardieu, l'initié Rue de Sorbonne N° 583

Statues colossales et Ruines du palais de Memnon.

Gravé par Tardieu l'ainé Rue de Sorbonne N.°365.

Vue des Tombeaux près d'Essouan

Pl. XXIII.

Gravé par Tardieu l'ainé, Rue de Sorbonne N.°286.

Manière de battre les Ris, et de le porter l'eau en Egypte.

www.ingramcontent.com/pod-product-compliance
Lightning Source LLC
LaVergne TN
LVHW022013080426
835513LV00009B/702